LES
FINANCES ÉGYPTIENNES

EN 1876

PAR

A. NOUETTE-DELORME

DEUXIÈME ÉDITION.

PARIS

—

1876

LES
FINANCES ÉGYPTIENNES
EN 1876

I

Il y a trois mois à peine, la *Sublime-Porte* imposa à ses créanciers le sacrifice de la moitié des redevances qu'elle s'était engagée à leur payer.

Les porteurs de titres furent stupéfaits; jusque là ils avaient régulièrement touché 10 ou 12 1/2 0/0 de leur argent; ils sortirent brutalement de leur illusion.

Ce fut un coup de foudre pour une partie de la haute banque; elle savait bien que cela devait arriver, mais elle supposait l'échéance plus lointaine.

Ceux qui avaient étudié la situation s'étonnèrent que l'événement eût autant tardé à se produire et que la banqueroute fût aussi timorée.

Les titres de *la Citadelle du Caire* (¹) supportèrent le contre-coup de la débâcle. C'etait logique. Les finances khédiviennes se trouvant, depuis 1870, dans des conditions plus désastreuses encore que celles de la *Sublime-Porte*, s'il faut en croire les aveux de divers journaux, Sa Majesté Egyptienne était toute disposée à imiter les faits et gestes de son suzerain.

Pourquoi, dans l'intérêt des capitaux français, le Khédive

(¹) Siége de l'Administration du ministère des finances.

a-t-il hésité? Cette détermination, il lui faudra quand même s'y résigner, et jusque-là, la crédulité, l'appât des gros revenus auront fait de nouvelles victimes.

En lisant les fantaisies grotesques qui s'alignent en longues colonnes dans la plupart des journaux, on se demande ce qui doit le plus surprendre, ou de l'ignorance des rédacteurs ou de leur audace.

Les allégations inadmissibles le disputent aux affirmations mensongères : les engagements solennels pris en 1873, à l'occasion du dernier emprunt, *emprunt qui devait équilibrer à tout jamais les budgets*, ne sont certes pas rappelés; on trouve naturel qu'en deux ans le Khédive ait pu créer une nouvelle dette flottante avouée de 450 millions de francs, en dehors des 100 milions produits par la vente des actions du Canal.

Il est vrai que l'on affirme que les recettes du budget s'élèvent à 350 millions, que, par modération, on daigne réduire à 300.

On oublie qu'il y a trois ans, on n'indiquait que 176 millions de recettes, qu'une critique éclairée réduisait à 150.

Comment des populations, déjà plongées dans la plus extrême misère par des taxes prélevant de la moitié à la totalité du loyer des terres, auraient-elles pu, tout-à-coup, les doubler et payer 350 millions d'impôts? Ce chiffre n'est-il pas probablement supérieur au revenu annuel entier de tout le sol Egyptien?

Quant aux conquêtes qui auraient porté la population de 5 à 20 millions d'habitants, le plus sage est de n'en point parler. La nécessité de contenir les contrées nouvellement envahies est une cause de ruine pour les finances, de gêne pour l'agriculture qu'elle prive de bras, quelles qu'aient pu être d'ailleurs l'importance du butin et le nombre des esclaves procurés par les invasions. Au sujet de l'agression contre l'Abyssinie chrétienne, l'abstention de l'Europe civilisée est criminelle.

Non, le total des recettes du budget ne dépasse pas 150 millions, et la création, en deux ans à peine, d'une nouvelle dette de 550 millions, malgé une prétendue augmentation de 175 millions de recettes, prouve que depuis 1873, non-seulement le service de la dette consolidée a toujours été demandé à l'émission continue de nouveaux Bons du Trésor, mais que même le produit des impôts a été insuffisant pour faire face aux dépenses intérieures.

Donc : ou les déclarations de 1873 étaient mensongères, ou elles étaient vraies. Si elles étaient vraies, les affirmations actuelles sont mensongères. La vérité est qu'elles étaient et qu'elles sont aussi peu sincères les unes que les autres.

Suivre et discuter les extravagances de presque toute la presse, serait une œuvre absolument oiseuse. Si, parlant avec justice de l'émission de 1873, on a pu dire qu'elle était un scandale, comment qualifier celle que l'on prépare ?

Oserait-on invoquer la bonne foi ? N'est-il pas odieux d'entendre presque tous les journaux faire appel à l'amour-propre national, affirmer que souscrire à l'emprunt ce sera faire acte d'opposition à la politique anglaise ! Qu'elle mauvaise foi ! Invoquer le patriotisme pour inciter le public à sa ruine, alors qu'au contraire, à défaut de l'intérêt, le patriotisme devrait l'engager à s'abstenir.

Ceux qui connaissent les procédés de la diplomatie orientale n'ont pu se faire d'illusions sur le mérite réel des voyages qu'entreprennent si naïvement divers personnages européens. Il est pénible de voir des gouvernements, qui devraient être renseignés, se prêter à de telles mystifications ; le moindre des Effendis doit en perdre son sérieux professionnel.

On parle de réorganisation des finances, de bonne administration, d'économies ; c'est toujours la même mise en scène, la même parade, le même boniment ; ces réorganisations, ces économies, voilà vingt fois qu'on les annonce.

On va créer une nouvelle Banque, on en vante les destinées réparatrices, alors que cette prétendue Banque n'est, en fait, qu'une immobilisation temporaire d'une fraction de la dette flottante.

Les déceptions de la Banque Ottomane ne sont que niaiseries en comparaison des aventures réservées à sa cadette ; il serait fâcheux qu'elle décédât en bas âge.

On affirme l'intervention directe de la Banque pour l'encaissement des taxes ; mais ce que l'on ne dit pas, c'est qu'alors même que la Banque encaisserait la totalité des recettes budgétaires, elle ne pourrait assurer que partiellement le service de la dette.

Une chose curieuse à connaître serait *le texte sincère* de la convention passée entre le Gouvernement égyptien et la Banque. Si ladite convention possédait une valeur pratique, on l'eût déjà certainement publiée. Ce que les indiscrétions en ont ébruité, c'est que, d'une part, l'éventualité d'une réduction de la dette y est prévue, et que, d'autre part, personne ne se fait d'illusions sur l'irréalisation pratique du contrat.

Le revenu budgétaire de l'Egypte ne peut être obtenu que par l'emploi des procédés les plus violents ; aussi une administration non musulmane, telle que celle d'une Banque, provoquerait une résistance générale insurmontable.

Comment admettre que le Khédive se résigne à réaliser des économies ?

Quelle simplicité ! quelle ignorance des hommes et des choses de l'Orient !

Comment admettre qu'il licencie son armée, au moment où peut-être va s'ouvrir la question d'Orient !

Comment supposer qu'il soit assez simple pour se prêter de bonne grâce au rôle du lion de la fable, et se laisser arracher les ongles et les crocs !

Quelle comédie !

Que, le cas échéant, le Khédive obtienne momentanément de la Prusse, de la Russie ou des Etats-Unis une centaine d'officiers supérieurs qu'il mettra à la tête de ses troupes, et aucune puissance européenne ne songera à débarquer à Alexandrie les soixante mille hommes qui seraient à peine suffisants pour conquérir l'Egypte.

C'est pourquoi l'analogie que l'on prétend établir entre la situation future des créanciers du Khédive et celle des créanciers du Bey de Tunis est inadmissible ; si l'on voulait employer la force, on se trouverait en face de cent mille hommes exercés à l'européenne, armés de fusils perfectionnés et animés d'une exaltation fanatique contre tout ce qui n'est point musulman ; car la politique orientale a cette habileté d'entretenir le fanatisme des populations en leur représentant les exigences des Européens comme la cause de la violence de ses exactions.

II.

Il est une rumeur qui, chaque jour, acquiert plus d'importance, c'est que certaines Banques, certaines notabilités de la spéculation, sont demeurées détentrices de stocks considérables de titres de l'émission de 1873, et surtout que, séduites par l'appât d'intérêts exagérés, elles détiennent une grande partie de la dette flottante.

Si les petits capitalistes français eussent eu cette bonne fortune que le Khédive eût de suite imité la *Sublime-Porte*, ces Banques et ces spéculateurs fussent sans doute tombés en banqueroute ; de là, le mobile de leur dévouement à fournir l'argent pour les coupons et leurs efforts pour galvaniser temporairement ce que l'on appelle le crédit égyptien ; de là, les piéges que l'on tend dans le but de faire supporter par le public crédule le désastre que l'on voudrait détourner de soi.

L'opération réussira-t-elle ?

Non !

En attendant, ceux que leur position condamne à soutenir les cours doivent acheter forcément ce qui est offert. C'est pour le public une heureuse circonstance : qu'il en bénéficie, qu'il vende, qu'il se hâte. La solution définitive pourra se faire attendre ; mais elle pourrait aussi se produire à une échéance prochaine ; déjà tous les forts détenteurs renseignés ont réalisé leurs titres, coûte que coûte.

En vain, l'on fait observer que les bons du Trésor sont dans les mains de gens qui ont les moyens d'attendre, soit ; mais s'ils ont les moyens d'attendre, ils n'ont pas ceux de faire indéfiniment de nouvelles avances.

A entendre les intéressés compromis, il faudrait courir sus au Khédive, à tous les Musulmans ; il faudrait que la diplomatie intervînt, que le gouvernement français dépensât un milliard fît tuer au besoin cent mille hommes, et tout cela, parce qu'une douzaine d'agioteurs, mandataires infidèles, immolent à leurs convoitises les intérêts dont l'administration leur est confiée.

C'était avec surprise que l'on voyait certaines Sociétés financières, dont les ressources étaient employées en valeurs étrangères, rapportant des 15 à 30 0/0 d'intérêt, ne donner que 6 0/0 à leurs actionnaires ; il est aujourd'hui de notoriété que les administrateurs de ces Sociétés et leurs complices prélevaient la presque totalité des bénéfices de toutes les affaires ; on pourrait même en citer une où tous les membres du Conseil sont syndiqués pour cet objet.

Oui, il existe une éventualité de scandales financiers auprès desquels celui de la Banque de Belgique est insignifiant. Mais ces scandales, si considérables qu'ils puissent être, ne doivent inspirer aucune appréhension fondée ; ce n'est que lorsque de tels événements se seront multipliés que l'on pourra espérer de voir enfin les petits capitalistes bénéficier de la création d'une législation éclairée et protectrice.

Les augures se sont laissé cent fois surprendre, riant entre eux, et ils se plaignent de la presque impossibilité de trouver des capitaux pour les entreprises nouvelles. Tout va à la rente française ; peut-il en être autrement ? Aujourd'hui, quel capitaliste, initié aux secrets intimes des affaires, consentirait à demeurer indéfiniment actionnaire ou même obligataire d'une Société plus ou moins anonyme ?

L'on dit vulgairement : La politique, c'est l'argent des budgets ! Tant que l'on pourra dire avec plus de vérité encore : Les affaires, c'est l'argent des autres ; tant qu'un scandale aussi éhonté, par exemple, que celui fourni par la Société Immobilière pourra se produire impunément, l'homme prudent devra tenir, vis-à-vis des affaires, l'attitude circonspecte du sauvage qui ne doit compter que sur lui-même pour se protéger.

III.

Quiconque a étudié les finances des divers gouvernements, a acquis cette conviction que, successivement, presque tous seront contraints de réduire leur dette, voire même de déclarer une banqueroute complète.

Il y a dix ans à peine, cette opinion semblait une divagation; il a bien fallu se rendre à l'évidence. Entre autres causes, le système d'armements extravagants que pratiquent, en rivalité les uns des autres, les gouvernements européens, tend à précipiter les désastres successifs.

Quelles que soient les aptitudes des populations de certains pays pour la production agricole et industrielle, l'exagération et la multiplicité des taxes a pour effet de les placer dans des conditions économiques difficiles, la main-d'œuvre s'y élevant au fur et à mesure que de nouveaux droits provoquent le renchérissement des produits de consommation journalière. On peut donc heureusement prévoir le moment où les gouvernements les plus scrupuleux devront, forcément, donner à la démocratie cette légitime et nécessaire satisfaction de la diminution des impôts dits indirects, et de l'abolition des innombrables douanes intérieures nommées octrois ; la conséquence salutaire sera la réduction des rentes des gouvernements et des villes.

N'a-t-on pas vu naguère l'Angleterre elle-même enjoindre à la Sublime-Porte de diminuer les taxes de plusieurs de ses provinces, dans le but d'éviter les insurrections : taxes additionnelles qui avaient été établies pour faire face aux nécessités du service de la dette.

C'est qu'il est une limite au delà de laquelle le contribuable ne peut plus payer. Or, cette limite extrême, presque tous les gouvernements l'ont atteinte, plusieurs même l'ont dépassée. Aussi les populations de l'Irlande, de la Prusse et de la Suisse émigrent-elles en Amérique ; si les fellahs pouvaient fuir, en quelques mois l'Egypte deviendrait un désert.

Qu'on consulte l'histoire, et l'on y verra qu'à toutes les époques, par des procédés différents, mais tendant au même but, les gouvernements ont sacrifié des intérêts particuliers à ce qu'ils considéraient être les intérêts généraux, et que la faculté de réduire leurs dettes leur a toujours été reconnue en fait.

De réductions en réductions, la livre, qui à l'origine pesait réellement une livre d'argent, se trouva, sous Tibère, métamorphosée en une petite pièce de cuivre étamé; on vit à Rome, à plusieurs reprises, le peuple abandonner la ville et n'y rentrer qu'après avoir obtenu la réduction des dettes.

En dehors des exemples tirés de l'antiquité, les temps modernes en fournissent de nombreux: les rois très-chrétiens réduisirent périodiquement les monnaies ainsi que les rentes, et à ces occasions ils obtinrent non-seulement l'approbation de leurs confesseurs, mais encore des brefs de Rome.

Il n'est personne qui ne connaisse la chute du système, la dépréciation des assignats, la consolidation de la rente française. Souvent même, l'histoire montre certaines classes spécialement dépossédées. Au moyen-âge, ce sont les Lombards et les Juifs. Les deux derniers siècles virent taxer arbitrairement les financiers. La taxation de la fin de l'année 1716 est demeurée célèbre entre toutes: elle fut fixée à 158 millions, somme presque égale à la totalité du budget des recettes d'alors; il est vrai qu'elle produisit à peine 25 millions, les intéressés ayant associé les personnages influents des Parlements et de la Cour aux réductions qu'ils sollicitèrent et obtinrent par ce procédé.

Samuel Bernard avait été taxé à. . . fr.	4.000.000
Farges.	2.000.000
Chaumont.	3.000.000
Leblanc.	7.885.335
Jean Oursin.	2.600.000
D'Ogny.	2.644.000
Antoine Crozat.	6.600.000
Jacques Charpentier.	3.031.850
Du Rey.	3.200.000
Romanet	4.453.000
Etienne Brunel.	4.200.000

etc., etc.

Si, avec beaucoup plus de motifs que n'en pouvait avoir la Royauté, les financiers modernes étaient proportionnellement taxés à 2 ou 3 milliards, il leur serait certainement facile de les payer ; une telle mesure n'aurait rien que de très-équitable et de très-légitime.

En 1860, sous le gouvernement impérial, les traités de commerce ruinèrent à l'improviste une multitude d'industriels qui furent sacrifiés sans recevoir aucunes compensations.

Récemment, le gouvernement de la République a échangé le prestige antique de la France en Orient et la protection des intérêts des industriels résidents français en Egypte, pour ce qu'on appelle la *Réforme judiciaire*. Sous l'Empire, tant décrié, le Khédive, — malgré ses intrigues — n'avait pu obtenir un tel succès.

Ainsi, toujours et à toutes les époques, tous les gouvernements se sont, sans conteste, attribué la faculté de réduire leurs dettes aussi bien que celle de sacrifier tels ou tels intérêts particuliers à satisfaire ce qu'ils affirmaient être l'intérêt général.

IV.

On entend les mêmes plaintes se reproduire à chaque nouvelle banqueroute gouvernementale. On s'était fié à la loyauté du Padischach, à celle du Khédive, à la bonne foi musulmane ; on a été trompé, il n'y a plus rien de sacré !

Ce sont là des criailleries aussi ridicules que mal fondées.

Le rôle des prêteurs est d'exiger des garanties, de s'assurer qu'elles sont la propriété du débiteur et d'apprécier la valeur des moyens coercitifs dont ils pourront disposer.

Le droit exige que le gage soit la propriété de celui qui le donne ; que le prêteur le détienne entre ses mains, et que l'acte soit authentique.

L'emprunteur, au contraire, a pour intérêt de ne pas fournir de garanties ou de n'en donner que de vaines.

Or, quelle est la situation des créanciers des divers gouvernements, et notamment de ceux du Khédive ?

Leurs prétendues garanties sont-elles effectives !

Non.

Leurs prétendues garanties sont-elles réellement la propriété de l'emprunteur ?

Non.

Sont-ils détenteurs des gages?

Non.

Les actes d'emprunt sont-ils authentiques?

Non.

Et, d'abord, à qui ont-ils prêté ?

Est-ce aux pays que les gouvernements administrent ou à ces gouvernements eux-mêmes ; car, dans la légèreté du langage, on confond les gouvernements avec les Etats qu'ils administrent.

On a prêté aux gouvernements, on se figure avoir pour débiteurs les Etats qu'ils administrent.

Comme réflexion générale, il faut faire ressortir que les ressources que les gouvernements se procurent par l'emprunt, ou ne sont jamais utilisées au profit des pays qu'ils administrent, ou ne le sont que dans une proportion tellement infime que l'administration du budget ordinaire légèrement améliorée eut rendu inutile tous emprunts.

Si un gouvernement despotique, tel que celui de la *Sublime-Porte*, emprunte des sommes qu'il dissipe selon ses fantaisies, l'équité naturelle s'oppose à ce que les sujets du Sultan se croient engagés ; ils n'ont pas été consultés, les sommes empruntées ne leur ont bénéficié en rien ; au contraire, les dettes contractées par le maître ont été pour eux l'origine de telles surcharges d'impôts, que l'excès de leur misère les a poussé à la révolte, à la défense naturelle, à l'indépendance.

Vainqueurs on les appellera des héros ; vaincus, on les nommera des insurgés.

A l'appui de quels arguments les créanciers de la *Sublime-Porte* pourraient-ils se prétendre créanciers de l'agglomération géographique des provinces désignées sous le nom de Turquie?

Si un gouvernement consultatif, tel que le gouvernement du Khédive, fait ratifier ses emprunts par une représentation qui, loin d'être la véritable manifestation du pays, en est, au contraire, la négation absolue, à l'appui de quels arguments les créanciers du gouvernement Egyptien pourraient-ils se prétendre les créanciers de l'Egypte?

Si des gouvernements qui se disent représentatifs, tels que la plupart des gouvernements européens, sont parvenus, au moyen de déclarations presque toujours inexactes, à faire ratifier des emprunts par des représentations généralement viciées, les créanciers de ces gouvernements pourront-ils se prétendre les créanciers légitimes des pays que ces gouvernements adminis‑trent.

Si même l'on suppose une représentation régulière, s'enga‑geant en toute connaissance de cause et ratifiant les emprunts de son gouvernement, cette représentation pourra-t-elle engager valablement les générations à venir, les contraindre à payer indéfiniment les conséquences de ses extravagances, et les créan‑ciers posséderont-ils de par ce fait un droit sur des débiteurs qui ne sont pas nés?

Non, puisque aujourd'hui, chez tous les peuples, le fils même ne saurait être obligé de payer les dettes de son père, ces dettes au‑raient-elles été contractées pour le nourrir et l'élever. Or, si le père ne peut engager son fils, comment une génération pourrait‑elle engager indéfiniment les générations à avenir?

L'application de la théorie opposée aurait pour conséquence l'émigration; elle révolte l'équité.

Tout ce que pourrait faire logiquement une génération serait de s'engager pour elle seule, c'est-à-dire de contracter des em‑prunts remboursables en 10 ou 15 annuités.

Sans doute, un Etat ne se compose pas exclusivement des popu‑lations; il comporte aussi l'ensemble des provinces sur lesquelles elles sont fixées; mais les gouvernements ne sont pas proprié‑taires du sol des provinces qu'ils administrent accidentellement, —et ils ne sauraient engager ce sol qu'avec le consentement de *l'intégralité absolue* des propriétaires.—Pour attribuer à un gou‑

vernement le droit d'engager le sol, il faudrait que la propriété territoriale appartînt à ce gouvernement.

Le gouvernement Tunisien a accordé à ses créanciers la perception directe de certains revenus. Les populations tunisiennes sont contraintes de s'incliner; mais si elles conquerraient leur indépendance, ce serait avec équité qu'elles renieraient la dette du maître vaincu; car le Bey de Tunis a engagé ce qui ne lui appartenait pas, ce dont il ne sera détenteur que tant qu'il sera en mesure d'opprimer les population de la Régence.

Quant à l'authenticité, elle fait absolument défaut à bon nombre d'emprunts gouvernementaux : les traités demeurent secrets, et, généralement, le nominal de la dette est disproportionné avec ce qui entre effectivement dans les caisses de l'emprunteur; c'est là surtout le cas de la Sublime-Porte et du Khédive.

V.

En résumé :

1° Ce sont les gouvernements qui empruntent et qui doivent ; les pays qu'ils administrent ne peuvent être considérés comme débiteurs ; les créanciers de la Sublime-Porte et du Khédive ne sont pas créanciers de la Turquie ni de l'Egypte, et le fussent-ils, que la Turquie ni l'Egypte ne pourraient les satisfaire, le voulussent-elles d'ailleurs.

2° Les prêts faits aux gouvernements sont généralement dépourvus de toutes garanties, de toutes sécurités ; les créanciers de la Sublime Porte et du Khédive ne sont détenteurs d'aucun gage, et la Sublime-Porte pas plus que le Khédive ne pourrait leur en fournir de sérieux.

3° Les prêteurs agissent à leurs risques et périls ; les créanciers de la Sublime-Porte et du Khédive sont victimes de leur avidité et de leur crédulité ; ils ont méprisé tous les avis, tous les enseignements.

4° La réduction des dettes — et même la banqueroute des gouvernements — sont des faits que l'histoire montre se reproduisant périodiquement.

On ne saurait refuser à la Sublime-Porte et au Khédive la faculté d'user du droit commun consacré par l'usage de tous les gouvernements et à toutes les époques.

5° Tous les gouvernements, sans exception ont, à diverses reprises, réduit leurs dettes. Peu importent les modes et les formes employés, qu'on les nomme conversion, réduction, consolidation, unification, etc., etc., les mots seuls sont variés, le fond est le même. Il s'agit uniformément de diminuer le service des arrérages. Alors que le Khédive sera contraint de réduire le nominal et le taux de sa dette, il faut souhaiter qu'il le fasse dans des conditions telles qu'il soit à l'avenir en mesure de tenir ses engagements.

Quant au public, puissent les cruelles leçons du passé lui faire concevoir, pour les prétendus placements en fonds d'Etat étrangers, la répulsion très-légitime qu'il montre pour ce que l'on appelle les actions, obligations, délégations, bons, etc., etc., de même provenance.

A. NOUETTE-DELORME.

2 avril 1876.

PARIS. — IMPRIMERIE DE E. BRIÈRE, RUE SAINT-HONORÉ 257.

[illegible]

[illegible]

[illegible]

[illegible]